AF248399

ANECDOTES

A MÉDITER.

ANECDOTES

A MÉDITER.

> Joab, étant entré au lieu où était le Roi, lui dit :
> « Vous aimez ceux qui vous haïssent, et vous haïssez ceux qui vous aiment.
>
> Parlez donc à vos serviteurs, et témoignez-leur la satisfaction que vous avez d'eux; car je vous jure, par le Seigneur, que si vous ne le faites, vous vous trouverez dans un plus grand péril que vous n'avez jamais été. »
>
> (Les Rois, liv. 2, ch. xix.)

A PARIS,

Chez Anth^e. BOUCHER, Imprimeur, rue des Bons-Enfants, N°. 34;

Et PÉTIT, libraire de LL. AA. RR. Monsieur et Mgr. le Duc de Berry, Palais-Royal, Galerie de bois.

M. DCCC. XIX.

L'auteur se propose de présenter, tous les trois mois, un miroir historique à ceux qui pourront s'y reconnaître.

ANECDOTES

A MÉDITER.

DANS le 16e. chapitre, livre VI, de son immortel ouvrage, l'illustre auteur de *l'Esprit des Lois* nous offre en ces termes le récit d'un fait et d'un jugement bien étranges :

« Un cerf ayant, avec son bois, enlevé l'em-
» pereur Bazile par la ceinture, un officier de
» sa suite tira son épée, coupa la ceinture et dé-
» livra l'empereur. On fit trancher la tête à ce
» brave serviteur, parce qu'il avait, disait-on,
» tiré l'épée contre son maître. »

N'est-ce pas avec la même justice et le même bon sens que l'on opprime la raison et la fidélité, lorsque, s'armant pour le salut du trône, on les accuse de se révolter contre lui ?

Le peuple le plus fier peut se résigner à l'obéissance et même à l'oppression ; mais à l'humiliation et au mépris, jamais !

Les cruautés de Caligula révoltèrent moins les Romains que les insultes qu'ils en reçurent. On ne fit que rire à Rome tant que l'empereur borna sa folie à parer de perles son cheval *Incitatus*, à le charger de diamants et d'or, à lui bâtir un palais superbe et même à l'admettre à sa table. Mais l'indignation fut à son comble, quand on vit le souverain d'une grande nation placer un quadrupède au rang des prêtres de Jupiter, et le désigner pour consul. On se révolta de voir tant d'honneurs si honteusement prodigués à un cheval. Qu'aurait-ce donc été si, à la place d'un noble et superbe animal, Caïus avait poussé la démence jusqu'à distribuer de si hautes faveurs à un lourd mulet, à un reptile venimeux, à un chat perfide, à un tigre féroce, ou à quelque bête immonde ? On n'avait pas cru, jusqu'ici, qu'il fût possible de renchérir sur l'humiliation des Romains; mais c'est de nos jours qu'un spectacle plus injurieux a été donné. Il n'est dû, grâces au Ciel, qu'à la folle imagination d'un Italien, à l'abbé Casti, qui, dans son poëme burlesque des animaux parlants, en a fait des ministres, des sénateurs, des généraux et des ambassadeurs : là, du moins, ce n'est qu'une fiction !

Lisandre, après avoir usurpé la confiance de ses concitoyens, forma le projet de détruire le droit exclusif que la famille des Héraclides avait à la royauté. Il présenta comme une mesure utile d'enjoindre à chaque ville de nommer dix députés, chargés de régler tous les intérêts de l'État ; mais il eut soin, par son adresse, que ce pouvoir ne fût confié qu'à des hommes de son choix, et dont le dévouement lui était assuré par des liaisons de famille, de reconnaissance ou d'amitié. Dès ce moment, sa volonté fut la loi. Mais aussitôt que les Rois, effrayés de sa puissance, eurent aboli ce gouvernement décemviral, ce fut la royauté même que Lisandre eut le dessein d'anéantir. Certain qu'il ne pourrait y parvenir sans le secours de la religion, il s'efforça de corrompre tour-à-tour par de riches présents les prêtres de Delphes et de Dodone ; et, n'ayant pu réussir auprès d'eux, il entreprit le voyage de Cyrène, sous prétexte de porter ses vœux au temple de Jupiter-Ammon, mais en effet dans l'intention d'en séduire les prêtres par les trésors qu'il portait avec lui. Non seulement ces derniers furent incorruptibles comme les autres, mais ils vinrent à Lacédémone accuser Lisandre d'avoir attenté, par des propositions sacriléges, à la sainteté de l'oracle et à leur fidélité. Lisandre, cité devant les Éphores, triompha pour le moment ; mais bientôt mis à mort par les Thébains, auprès d'Haliarte, cet événement dévoila toutes ses trames. Comme on cherchait dans sa demeure quelques papiers concernant les comptes dont il était responsable, on trouva dans ses vêtements un long discours écrit de sa main, qu'il devait prononcer devant le peuple, et dont le but était de l'engager à chasser la famille des Héraclides, d'abolir la royauté, et de choisir un simple citoyen pour lui confier le commandement des armées.

Lacédémone fut détrompée; mais que de fourbes depuis Lisandre ont emprunté son masque imposteur!

———

Finir aussi heureusement qu'on a commencé, est un mérite bien rare pour les ouvrages, pour les particuliers et pour les souverains.

Combien de Rois en effet, après quelques années d'un bon règne, ont vu décroître et s'éteindre tout l'amour qu'ils avaient inspiré. Le vœu d'Henri IV fut de le mériter et de l'obtenir sans cesse; ce vœu, si bien accompli, se trouve consigné dans la sublime prière qu'il adressait au Dieu des armées avant la bataille d'Yvry.

On trouve cette invocation fidèlement imitée dans les paroles de Joad, à la seconde scène du premier acte d'*Athalie*. Nous rapporterons les vers du grand poète et les expressions du grand Roi. Ce rapprochement aura le double intérêt d'être historique et littéraire. Paraître supérieur à la poétique harmonie de Racine, est un grand éloge. Il semble qu'il est mérité par le simple et touchant langage du Béarnais. Voici dans quelle circonstance il fut si bien inspiré :

« Les armées de Mayenne et d'Henri IV étant
» ébranlées, on commença à faire les prières : ce
» fut un cordelier qui les prononça devant l'es-
» cadron du duc , et Louis d'Amours devant ce-
» lui du Roi. Lorsque ce ministre eut achevé la
» sienne, le Roi, levant les yeux au ciel et joi-
» gnant les mains , appela Dieu à témoin de son
» intention , et invoqua son assistance avec de
» semblables paroles: *Toi, Seigneur, dont les*
» *divins regards percent au travers de tous les*
» *déguisements et des voiles les plus épais;*
» *qui vois parfaitement le fond de mon cœur*
» *et celui de mes ennemis, et qui as dans*
» *les mains aussi bien que devant les yeux*
» *tous les événements et toutes les choses du*
» *monde* (1); *si tu connais que mon règne soit*
» *expédient pour ta gloire et pour le salut de*
» *ton peuple, si tu sais que je n'ai point d'au-*

---

(1) Grand Dieu! si tu connais qu'à tes ordres docile,
    Je sois à tes desseins un instrument utile,
    Fais qu'au juste héritier le sceptre soit remis;
    Livre à mes faibles mains mes puissants ennemis;
    Confonds dans ses conseils une ligue cruelle :
    Daigne , daigne , mon Dieu , sur *Mayenne* et sur elle
    Répandre cet esprit d'imprudence et d'erreur, etc., etc.

» *tre ambition en l'ame que de procurer l'hon-*
» *neur de ton saint nom et le bien de cet État;*
» *favorise, ô grand Dieu ! la justice de mes ar-*
» *mes ; réduis maintenant tous les rebelles à*
» *reconnaître celui que tes saints décrets et*
» *l'ordre de la succession légitime leur ordon-*
» *nent pour souverain : mais s'il t'a plu en dis-*
» *poser autrement, ou que tu voyes que je*
» *dusse être du nombre* (1) *de ces rois que tu*
» *donnes en ta colère, ôte-moi la vie avec la*
» *couronne.*

   » *Agrée que je sois aujourd'hui la victime de*
» *tes saintes volontés ; fais que ma mort délivre*
» *la France des calamités de la guerre, et que*
» *mon sang soit le dernier qui se répande en*
» *cette querelle.* »

Cette généreuse prière, faite avec un accent et un visage qui montraient bien qu'elle sortait du profond du cœur, animèrent tellement l'affection et le courage de ceux qui l'entendirent, qu'ils se mirent avec une ardeur incroyable à crier *vive le Roi*, comme pour demander tout d'une voix au ciel la conservation de la vie d'un

---

(1) . . . . Si tu prévois qu'indigne de sa race,
    Il doive de David abandonner la trace :
    Qu'il soit comme le fruit en naissant arraché,
    Ou qu'un souffle ennemi dans sa fleur a séché !

si bon prince, et pour l'assurer qu'ils allaient courageusement sacrifier leur sang pour son service. Aussitôt il se fit donner son habillement de tête, sur la pointe duquel il y avait un panache de trois plumes blanches toutes droites; et avant que de baisser la visière, il fit entendre, en indiquant le panache blanc, ces paroles mémorables que rien au monde n'a pu faire oublier (1).

Demandera-t-on de quelle religion était un prince qui s'exprimait ainsi? Ah! la religion la plus céleste, la plus divine et la plus pure, sera la seule qui puisse animer, élever et remplir une si belle ame.

———

Les hommes qui parlent toujours de clémence parce qu'ils en ont besoin, ne cessent de vanter celle de Henri IV. Certes, ce n'est pas moi qui repousserai son éloge. Que ma tête se trouble, que mon cœur cesse de battre, et que ma main se dessèche avant de contester une vertu à ce bon Roi. Mais en prouvant que la justice fut la seule règle de sa clémence, elle en sera d'autant plus admirable qu'elle paraîtra plus éclairée. L'his-

———

(1) Mézeray.

toire l'atteste; la bonté de Henri IV n'écarta jamais de sa conduite cette sévérité qui convient à un Roi pour gouverner. Facile et prompt à faire grâce aux erreurs, il se fit un égal devoir de ne jamais pardonner aux crimes et d'acquitter la dette de la reconnaissance envers ses fidèles sujets. Tous jugements et arrêts obtenus contre eux n'étaient point suspendus par une indigne amnistie; *ils étaient cassés.* Les comptes rendus à des autorités quelconques n'étaient plus soumis à révision. Ceux que des exécutions avaient frappés de mort, étaient réhabilités, et les biens de leurs héritiers, rentes ou immeubles, demeuraient exempts de confiscation. Une déclaration d'amnistie, plus ample et plus favorable qu'elle n'avait été promise, fut accordée sans retard à la ville de Paris; et dans l'absence du parlement, qui s'était réfugié à Tours, Henri voulut, pour accélérer son bienfait, que cet acte fût adressé, par une forme extraordinaire, au chancelier et aux officiers de la couronne qui se trouvaient à sa suite. Cette déclaration rétablissait dans leur premier état et autorité ordinaires les membres du parlement qui n'avaient point quitté la capitale, comme si la compagnie entière s'y fût déjà rassemblée. Cette grâce, néanmoins, fut à la charge qu'ils feraient auparavant un nouveau serment de fidélité au Roi entre les mains du chancelier, et qu'ils recevraient de sa bouche les admonitions que Sa Majesté jugerait devoir être faites.

Voilà pour la clémence ; voici pour la justice.

Les édits du Roi portant abolition de toutes choses depuis les barricades, exceptaient formellement de toute grâce tous ceux qui se trouvaient coupables de l'assassinat du feu Roi, ou de conspiration contre la vie de Sa Majesté.

Ces exceptions étaient répétées de même dans les édits accordés à toutes les villes et aux gouverneurs qui demandaient à se soumettre et à traiter avec le Roi.

Après dix-huit mois de revers et deux suspensions d'armes, Mayenne, pour intriguer encore, en sollicitait une troisième. Henri la refusa : *La guerre ou la soumission,* fut sa réponse. Ce fut vainement que Mayenne insista pour obtenir, en sa faveur, que la mort de Henri III fût exceptée de l'amnistie.

Henri IV se montra inflexible ; ni les instances du président Jeannin, ni les sollicitations de la marquise de Monceaux, si chère alors au brave Henri, ne parvinrent à l'émouvoir et à lui faire abandonner cette clause expresse. Il repoussa toutes les prières. *Je ne veux pas,* disait-il, *qu'on puisse me reprocher d'avoir eu trop d'indulgence pour une action si détestable, et d'avoir laissé le sang de mon prédécesseur dans les mains de ses assassins.*

Tant de fermeté ne devait, au reste, ni sur-
prendre Mayenne, ni lui paraître hors de mesure. Elle était conforme à ses principes. C'est
par elle qu'il sut imposer aux *seize*, lorsqu'in-
digné de leur attentat sur le président Brisson, il
en fit, de son autorité, condamner neuf à être
pendus, accrocher quatre à une poutre dans une
salle du Louvre, et défendit aux autres de se ras-
sembler, sous peine de la vie et de la destruction
des maisons où ils se réuniraient.

Qu'on ne songe donc plus à séparer la clémence
de Henri IV de sa justice. C'est toujours ensemble et réunies qu'on a vu briller en lui ces deux
vertus. Quel noble usage il fit de l'une et de l'autre, quand l'occasion se présenta de consoler et de
venger d'une lâche injure un brave guerrier qui,
toujours digne de la confiance de son Roi, l'avait
servi de son épée, de ses biens et de ses talents.

La conduite d'Henri IV, dans cette circonstance, est le plus rare modèle de grandeur et
d'équité que l'on puisse présenter au besoin; et
cette conduite est d'autant plus généreuse que
Mornay, trop fidèle à sa religion, reprochait hautement à son maître de l'avoir quittée, et que,
pour mieux soutenir ses opinions, il s'était depuis
long-temps retiré de la cour.

Mézerai nous a transmis cette aventure dans
ce récit naïf et détaillé:

« Il arriva, sur la fin d'octobre 1597, un fait particulier qui causa la plus grande rumeur et pensa donner occasion aux esprits échauffés d'allumer un nouvel incendie. Un jour que Duplessis Mornay se retirait en son logis, Saint-Phal, suivi de dix ou douze hommes bien armés, l'aborde dans la rue, se plaint de ce qu'il lui avait ouvert des lettres, pour une dame de Chavigny ; et comme après quelques explications capables de le contenter, Duplessis offre de lui en faire raison par toute autre voie, le jeune homme, qui déférait plus à sa passion qu'à la raison et à l'honneur, tire un bâton qu'il tenait caché derrière son dos, lui en décharge un coup sur la tête, s'élance sur son cheval, et le laisse entre les épées des siens qui lui portent encore quelques estocades, dont trois ou quatre hommes qui accompagnaient Mornay, le garantirent. Le bruit de cette action se répandit aussitôt par toute la France ; il se fit un grand concours de personnes de toutes qualités d'une et d'autre religion auprès de Duplessis : les uns, émus par l'atrocité de l'injure, les autres pour le respect de sa personne. Dès que le roi fut instruit de cet événement par Schomberg, il y apporta tous les lénitifs qu'il crut capables d'adoucir un si grand outrage. Il écrivit à Mornay de sa propre main, *qu'il participait à sa douleur, et comme Roi, et comme son ami ; qu'en la première qualité il lui en ferait justice ; et que s'il n'avait que la seconde, il ne se trouverait personne de qui l'épée tînt moins au fourreau, ni qui portât sa vie plus gaîment que lui, pour lui en faire avoir raison.* Il témoigna publiquement qu'il vengerait cette offense comme sienne; si bien que les parents du criminel, très effrayés de cette résolution, furent contraints d'avoir recours à la clémence du roi, et rendirent Saint - Phal prisonnier à la Bastille, afin qu'il fût en état de faire satisfaction. Il ne s'en voit guère de plus mémorable, ni de plus authentique que celle-là. Il fut ordonné, de l'avis du connétable, des maréchaux de France, et des plus vieux capitaines et chevaliers du royaume, « qu'il demanderait » pardon au Roi, un genou en terre; et puis » que, s'étant levé, il ferait satisfaction à Du-» plessis, en racontant la chose comme elle s'était » passée, le suppliant de lui pardonner et d'in-» tercéder pour lui envers le Roi, pour arrêter le » cours de la punition qu'il avait méritée, et se » soumettant de recevoir de lui un pareil coup » qu'il avait reçu. » De plus, il fut obligé de prendre lettres d'abolition, et l'on donna copie de cet acte à tous les ambassadeurs qui se trouvèrent à la cour: soumission qui accabla ce jeune homme de tant de honte, qu'il ne vécut pas long-temps après.

Je connais une foule de gens qui trouveront très mauvais qu'Henri IV n'ait pas fait juger ce différent par la police correctionnelle. Il est vrai que ce tribunal n'existait pas alors. Les braves serviteurs d'un grand roi n'avaient pas cette ressource; le siècle n'était pas arrivé à ce point de perfection !

———

Un certain Gignier, témoin de la fortune à laquelle plus d'un personnage s'était élevé par l'intrigue à la cour de Louis XIII, se mit en tête qu'en usant des mêmes moyens il obtiendrait autant de succès que bien d'autres.

Cet homme artificieux employa d'abord tous ses soins à s'insinuer auprès du jeune duc de Luines. Dès que l'esprit de ce favori lui parut suffisamment disposé à recevoir de sa part toute espèce d'impression : « Monsieur, lui dit-il, je puis vous découvrir une des plus grandes conspirations qui se soit jamais formée en France. Mais comme le service que je dois vous rendre, peut m'attirer une foule de puissants ennemis, vous ne devez pas trouver étrange que, pour l'établissement de ma famille et comme une garantie des périls auxquels je veux m'exposer, je vous demande un gouvernement et cent mille écus. »

Le duc effrayé promit tout. « On a résolu, continua l'imposteur, de se défaire de vous et de M. Déageant de St.-Marcellin, votre conseil et le chef de votre police ; de se saisir de la personne

2

du Roi, et de le forcer à rappeler la reine-mère. Les ducs de Nevers, de Longueville, de Mayenne et de Chevreuse, le cardinal de Guise, le maréchal de Bouillon, le marquis de Coeuvres, le président Lejai, le fils de Henri IV, le duc de Vendôme enfin, sont du complot. Ces messieurs prétendent s'emparer de toute l'autorité ; ils se partagent déjà les gouvernements des provinces, ils destinent les premières charges de l'État à leurs amis et à leurs créatures. Il y a quelque chose de plus atroce, et je ne puis vous le révéler sans horreur ; ils ont décidé de se défaire du Roi s'il oppose la moindre résistance ; ne dites rien à personne de ce que je vous confie ; si les seigneurs s'aperçoivent que le complot est découvert, ils hâteront l'exécution de leur projet.

Chaque jour, de nouvelles confidences entretenaient le duc de Luines dans les mêmes soupçons. Gignier transformait en rendez-vous de conjurés, les maisons de plaisirs où de jeunes courtisans se rendaient avec mystère pour des parties secrètes avec des dames. La mode avait mis en vogue une bague d'une pierre verte, sur laquelle un talisman se trouvait gravé. Ce bijoux, suivant le fourbe, n'était qu'un signe de ralliement. Si, parfois, les prétendus conjurés se trouvaient rassemblés au Louvre ou dans quelque promenade publique, Gignier allait avec affectation de l'un à l'autre, leur parlait en confidence devant certaines gens apostés par le duc, et revenait promptement lui donner avis de quelque nouvelle circonstance de la conspiration.

Ce misérable, dans les calculs de sa perversité, se flattait, qu'attendu le haut rang des personnages qu'il accusait, aucune formalité juridique ne serait employée contre eux, qu'on se bornerait à faire mettre à la Bastille cinq ou six ducs, un cardinal, un maréchal de France et un frère du Roi; qu'ils seraient trop heureux d'en sortir sans procédure; que toute cette affaire serait étouffée sans jugement, et qu'on récompenserait le délateur comme ceux que la Reine-mère avait employés pour faire arrêter le prince de Condé; mais le fourbe, déconcerté par les retards qu'on lui faisait éprouver, osa profiter d'une circonstance qui survint pour exciter de nouveaux soupçons.

Le Roi devait présenter au baptême un des enfants de César duc de Vendôme; on savait que la cérémonie serait suivie d'une collation magnifique. Gignier crut l'occasion favorable pour fixer enfin toutes les irrésolutions. Le voilà donc qui vient, tout effrayé, avertir le duc de Luines que dans le repas, on doit empoisonner le roi, que le même sort attend son favori, et que si, par hasard, il s'abstient de boire ou de prendre quelque aliment, on a résolu de le faire assom-

mer à coups de hallebardes, par des soldats dé-
guisés en Suisses.

De Luines et Déageant de Saint-Marcellin
pensèrent alors qu'il ne leur était plus permis de
cacher au roi tout ce qui se passait; et il fut résolu que, pour ne pas se rendre au baptême et au
repas, Louis XIII feindrait de se trouver indis-
posé. Le premier médecin fut mandé, fut instruit, joua son rôle, et se fâcha même publiquement de ce qu'on avait tant tardé à le faire appeler.

L'état du Roi fait grand bruit au Louvre et
dans la ville. Le duc de Vendôme accourt sans
défiance, il prie Sa Majesté de se ménager long-
temps, de ne plus songer à la fête préparée, et
proteste qu'il met plus de prix à la santé du roi
qu'au bonheur qu'il se promettait à le recevoir.

Les premières craintes une fois passées, la
maladie du roi fut si courte qu'il devint impossible de s'y méprendre. Quelques propos indis-
crets parvinrent jusqu'au duc de Vendôme. Le
Roi le reçut d'abord froidement, et bientôt avec
sévérité. De nouveaux indices éclairèrent le duc,
et, sans concevoir ce qu'on avait imaginé pour
le perdre, il ne douta plus de l'existence d'un tel
projet. Un homme de courage marche droit au
but et au danger. Vendôme alla donc à l'instant
même trouver le duc de Luines et Déageant au
Louvre. *On a de mauvais desseins contre mon*

honneur, leur dit-il ; une trame infâme est ourdie contre moi ; je ne puis deviner ce que la calomnie invente pour me perdre, mais elle m'attaque dans l'ombre, le fait est certain : je la défie au grand jour. Je demande à la connaître, et, pour me justifier, je viens me livrer au roi, à vous, au parlement. Parlez, où dois-je me rendre pour qu'on soit assuré de ma personne, de mes sentiments et de mes intentions.

Tant de loyauté, de noblesse et de franchise ne manquèrent point leur effet. On ne décerna point contre le duc de Vendôme un *mandat d'amener*, pour le convertir en *mandat d'arrêt*. On ne le mit point *au secret*, on ne fut pas cinq mois à lui rendre justice, on ne lui cacha point son délateur; le chef de la police le fit connaître à l'instant. Gignier fut nommé, fut interrogé; il avoua tout : il fut livré aux tribunaux, jugé, condamné, et paya de sa tête l'audace et l'atrocité de ses calomnies ; et cependant, il n'y avait alors en France, à ce qu'on prétend, ni gouvernement constitutionnel, ni charte, ni même de loi sur la liberté individuelle.

A quelle affliction profonde ne faudrait-il pas se livrer, si jamais on devait retrouver dans l'histoire un second prince dont l'aveuglement puisse être comparable à celui de Philippe IV pour son

ministre de prédilection le comte-duc d'Olivarès.
Ni la destruction des flottes de l'Espagne à Lima,
ni l'anéantissement de ses armées près d'Avesne
et de Casal, ni l'enlèvement de l'électeur de Trè-
ves, ni la perte de l'Artois, ne pouvaient éclai-
rer un infortuné monarque. C'est en vain que les
souverains de l'Europe lui adressaient des représentations, de sages conseils, et lui faisaient connaître ses dangers et leurs craintes; c'est en vain
que l'ambassadeur de Ferdinand II vint jusque
dans le conseil de Philippe, accuser son ministre.
Tout semblait inutile. Sa dureté intolérable, son
orgueil, sa présomption, sa légèreté, son avarice,
l'insolence de ses procédés envers la reine, le sort
et l'abandon de l'héritier du royaume, laissé sans
éducation jusqu'à quatorze ans et livré à cet âge
au gouverneur le plus indigne, les cris d'une nation accablée d'impôts, le duc de Bragance déclaré roi de Portugal et des possessions du Brésil
échappées aux conquêtes de la Hollande ; les Açò-
res, Goa, Macao, Mozambique, s'arrachant d'el-
les-mêmes à la domination espagnole ; l'effron-
terie du ministre qui, devant l'Espagne conster-
née, annonçait au roi sa ruine comme un bonheur
qui lui procurait une confiscation de quelques
millions ; l'infante Marguerite de Savoie, du-
chesse douairière de Mantoue et vice-reine de
Portugal, chassée honteusement de Lisbonne, re-
léguée par Olivarès dans la petite ville d'Ocagna

et manquant de l'absolu nécessaire ; tant de fautes, tant de maux, tant de vexations et d'injustices, ne pouvaient émouvoir ni désabuser un prince doué d'ailleurs des plus nobles qualités. Soit habitude, soit défiance des ennemis de son ministre, Philippe regardait tant d'accusations si fondées comme un manége de cour et une ruse de l'envie. Le roi n'avait de fermeté qu'au profit de sa faiblesse, et le comte résistait à toutes les attaques dirigées contre lui.

Mais ce que les grands, les ambassadeurs, le peuple, la reine et l'infante n'avaient pu obtenir, un être faible, isolé, sans crédit, une femme de la classe la moins élevée osa le solliciter ; Anne de Guevara, nourrice de Philippe, parvint, après plusieurs jours d'attente, à se trouver enfin seule avec son maître, et se jetant à ses genoux :

« Sire, lui dit-elle, la veuve de Thécua ne
» fut pas repoussée par David, et elle en fut écou-
» tée ; que j'obtienne la même faveur ! Ce n'est
» pas pour demander une grâce personnélle que
» je m'adresse à Votre Majesté, c'est pour lui
» rendre le service le plus important. Ce que
» l'intérêt vous cache, c'est à la franchise d'une
» femme étrangère à toute ambition qu'il ap-
» partient de vous le dévoiler. Oui, Sire, vos fi-
» dèles sujets, que je nomme votre famille, sont
» dans la situation la plus déplorable ; leur mi-
» sère est aussi effrayante et aussi générale que

» leur désespoir ; vos états sont démembrés , les
» monnaies sont altérées , les meilleures places-
» frontières de ce qui reste de vos belles provin-
» ces , sont envahies ou délabrées. Tous les mal-
» heurs nous accablent , ici , dans les Pays-Bas,
» en Italie , et en-deçà des Pyrénées. Pardonnez,
» Sire , pardonnez à une femme à qui il est per-
» mis d'avoir pour vous la tendresse d'une mère.
» Dieu vous punit de ce que vous laissez entre les
» mains d'un autre la conduite d'une grande mo-
» narchie. C'est à vous de la gouverner par vous-
» même. Il est temps que vous sortiez de tutelle ,
» et que vos sujets ne soient plus abandonnés à
» la discrétion d'un seul homme , qui les préci-
» pite dans un abîme de malheurs , et qui cha-
» que jour se fait un jeu de compromettre et
» d'affaiblir votre autorité. On ose la représen-
» ter , Sire , sous l'image *d'un fossé que l'on
» creuse*, et cet emblême n'est que trop expliqué
» par ces mots ironiques : *plus on lui ôte ,
» plus il est grand*. Cette raillerie insolente qui
» circule dans toutes les cours, a-t-elle un autre
» but que de parodier les basses flatteries dont
» on insulte Votre Majesté quand on la félicite,
» à chaque nouveau désastre ? Prenez pitié de
» votre peuple, Sire, ayez surtout pitié du prince
» votre fils. Si vous n'y donnez ordre , jamais la
» couronne ne reposera sur sa tête, et il tombera
» dans la condition la plus humiliante. Si la bar-

» diesse de mes paroles est un crime, ô mon Roi!
» je suis prête à souffrir la punition que vous or-
» donnerez. Heureuse si, après vous avoir nourri
» de mon lait, je puis répandre ce qui reste de
» sang dans mes veines pour la conservation de
» votre personne et de vos états. »

Philippe écouta cette femme avec patience et dans le plus sombre recueillement; il garda long-temps le silence, et ne lui répondit que par ces paroles prononcées d'un ton grave et solennel: *vous avez dit la vérité.*

Cette conviction l'amena soudain chez la reine; et là, dans l'instant même, il donna l'ordre, écrit de sa main, au duc d'Olivarès, d'avoir à sortir de la capitale et de se retirer dans sa maison de Lochechès, située à quatre lieues de Madrid. Ce billet fut un coup de foudre pour le favori.

Dès que la nouvelle de sa disgrâce fut répan-due par la ville, les murs du palais furent cou-verts d'énormes placards portant ces mots: *C'est maintenant que tu es Philippe-le-Grand, le comte-duc te rendait Petit.*

Le peuple exprima sa joie par des acclama-tions universelles; on n'entendait que ces cris mille fois répétés: *Vive le Roi, et meure le mau-vais gouvernement.*

La foule de tous les ordres et l'affluence des grands parurent prodigieuses à la cour. Philippe demanda ce qu'il y avait d'extraordinaire. « Sire, lui répondit Don Melchior de Borgia, *le temps est venu que Votre Majesté connaîtra l'affection sincère et l'attachement inviolable des grands d'Espagne à sa personne. Si votre cour a été moins nombreuse les années précédentes, Votre Majesté en sait la raison.* »

Toutefois, dans l'espérance d'un retour à la faveur, Olivarès avait sollicité et obtenu un délai de trois jours ; ce temps était expiré, et le duc ne se pressait pas de se rendre à Lochéchès. Un pareil retard irrita le roi. *Quoi donc*, dit-il hautement et d'un ton courroucé, à Don Louis de Haro, *cet homme attend-il qu'on le chasse par les épaules ?*

Il n'y avait plus à différer ; le duc fit avancer à la porte du palais trois voitures attelées de six mules chacune, et partit effectivement dans un mauvais carrosse par une porte secrète. Cette précaution fut heureuse. Dès que les équipages d'apparat se mirent en marche, une foule innombrable les suivit et les accompagna de malédictions, de boue et de pierres, et l'on ne parvint à dissiper les attroupements qu'après la conviction bien acquise qu'Olivarès avait pris une autre route.

Louis XIV était Roi partout, et l'était, avec raison, dans sa famille plus qu'ailleurs. Il devait donc être vivement offensé de l'ascendant inouï qu'usurpait, en Espagne et sur son petit-fils, une femme altière, intrigante et ambitieuse; c'est nommer la princesse des Ursins, que l'on peut, malgré son sexe, ranger au nombre des ministres les plus entreprenants. Son autorité, sans voile et sans borne; ses prétentions, avouées pendant quelques moments, de succéder par un mariage téméraire à la feue reine Marie-Louise-Gabrielle de Savoie; l'espèce de captivité où elle retenait Philippe V dans le palais solitaire de Médinacœli; l'audace qu'elle avait manifestée de se former une souveraineté en Flandre; tout, en elle, réveillait chaque jour l'indignation du grand Roi. Elle dut éclater au dernier degré quand il apprit l'alliance nouvelle et précipitée, qu'à son insu et sans sa participation, le jeune Roi d'Espagne venait d'arrêter et de conlure, par les intrigues d'une femme et d'un petit abbé, avec Élisabeth Farnèse de Parme.

De faux renseignements l'avaient représentée à la favorite comme une princesse sans talents, sans ambition, d'un esprit simple, docile, et susceptible de recevoir toutes les impressions; l'erreur était grande, et il paraît que Louis XIV, d'accord secrètement avec son petit-fils, avait trouvé les moyens de fortifier encore de ses conseils un caractère élevé, noble et décidé. La jeune Reine, en chemin depuis long-temps, arrivait en pompe à Guadalaxara, où le Roi l'attendait avec sa cour et toujours obsédé par la princesse des Ursins. Mais, tout entière à la vanité de faire en quelque sorte les honneurs de l'Espagne à sa souveraine, elle ne songea plus au danger d'abandonner Philippe V à lui-même; elle s'en sépara pour quelques heures, se rendit à Zadraque dans l'éclat d'une magnificence toute royale, et vint y recevoir Élisabeth, qui n'avait pas daigné répondre à deux lettres qu'elle en avait reçues. Ce fut dans cette ville que la toute-puissante favorite, qui se flattait de paraître en protectrice, qui s'attendait aux plus vifs témoignages de reconnaissance pour les nœuds qu'elle avait protégés, qui se préparait à donner avec autorité des conseils et des avis, reçut elle-même la leçon la plus terrible et la plus imprévue.

Les courtisans venaient d'être écartés. La princesse des Ursins se trouvait, depuis un instant, seule avec la Reine, lorsqu'après un bruit confus de paroles, on l'entendit appeler à haute voix le lieutenant des gardes et l'écuyer de service, donner l'ordre à l'un d'arrêter la princesse, et à l'autre de faire avancer une voiture, et à tous deux de la conduire, sous bonne escorte, à l'instant même, au-delà des frontières, de ne s'arrêter ni jour ni nuit, et de ne l'abandonner que sur une terrre étrangère.

Ces deux officiers, frappés de stupeur et accoutumés à ne connaître que le pouvoir de la princesse, auraient mille fois et plus volontiers suivi ses ordres que ceux de la Reine; ils osèrent même se permettre quelques représentations. *N'avez-vous pas*, leur dit fièrement Élisabeth, *un ordre du Roi qui vous enjoint de m'obéir en tout point, sans réserve et sans réflexions? L'ordre existe*, répondirent-ils. *Allez donc, et que ma volonté soit exécutée!* Elle le fut. Madame des Ursins arrêtée à l'instant, entraînée, poussée dans un carrosse, fut mise en route sous l'escorte de quinze cavaliers; et dès que cette expédition fut terminée, la Reine fit partir un courrier pour en donner avis au Roi d'Espagne, à Guadalaxara.

Il était sept heures du soir, c'était la surveille de Noël, la terre se trouvait couverte de neige et de glace. Qu'on se figure la femme la plus hautaine, la plus assurée de sa puissance, jetée dans une voiture, et courant les grands chemins en large panier, en superbe toilette de cour, chargée de brocarts, de dentelles et de diamants, sans linge, sans vêtements à changer, sans provisions et sans confidents de son désespoir. L'excès de son étonnement absorba d'abord toutes ses facultés. Bientôt la douleur, le dépit et la rage vinrent la ranimer. Tout le monde autour d'elle était transi de froid; elle brûlait. Tantôt quelques réflexions lui échappaient sur une mesure aussi violente, tantôt elle se figurait la surprise du Roi, sa colère en voyant son autorité compromise; elle comptait sur cette foule d'hommes intéressés à exciter le Roi en sa faveur. Toutes ces paroles ne recevaient aucune réponse; ses gardiens l'écoutaient dans un morne silence; elle regardait sans cesse si quelque courrier ne cherchait pas à l'atteindre pour suspendre sa marche et prescrire son retour. Mais à mesure que le temps s'écoulait, qu'elle s'éloignait davantage et qu'elle ne recevait aucune nouvelle, elle comprenait que tout était perdu sans ressource, et rien alors ne pouvait calmer ses emportements, ses cris, ses plaintes amères contre Philippe, et surtout contre l'ingratitude d'Élisabeth, qu'elle nommait l'objet de son choix et de ses espérances.

La prisonnière arriva le 14 janvier à S.-Jean-de-Luz. Ce fut seulement dans cette ville qu'elle put trouver un lit d'emprunt, quitter sa robe de cour, se trouver plus à l'aise dans des vêtements plus simples, et se procurer quelque nourriture plus délicate et plus saine. Les gardes, les officiers et le carrosse qui l'avaient amenée, s'en retournèrent; elle resta libre, et se fit encore assez d'illusion pour se permettre de penser à ce qu'elle pouvait attendre de Versailles. Mais le Roi, madame de Maintenon, les ministres et la cour se trouvaient prévenus et armés contre elle.

Elle ne craignit pas d'envoyer un exprès et des *compliments* à la Reine Douairière d'Espagne. La Reine refusa formellement de la recevoir.

Madame des Ursins éprouva partout le même accueil, la même indifférence et le même oubli.

La première nouvelle des événements de Zadraque était parvenue au Roi assez avant dans la nuit. Il ne donna aucun ordre et alla se coucher. Le lendemain, veille de Noël, la Reine arriva l'après-midi à Guadalaxara, comme s'il ne s'était rien passé. Le Roi la reçut au bas de l'escalier, la conduisit à la chapelle où le mariage fût célébré; personne ne parla de Madame des Ursins. La Reine et le Roi n'eurent pas même une explication; il déclara seulement le jour de Noël qu'il n'y aurait aucun changement dans la maison de la Reine, composée par l'ancienne favorite. Cette assurance, en tranquillisant les intérêts particuliers, remit le calme dans les esprits. La cour reprit le chemin de Madrid, et il n'y fut pas plus question de Madame des Ursins que si le Roi d'Espagne ne l'eût jamais connue.

Louis XIV, sans témoigner la plus légère surprise de cette espèce de révolution, refusa l'entrée de Paris et de la France à cette femme trop dangereuse. Sans asile, repoussée par toutes les puissances, on vit même la république de Gènes s'obstiner à ne pas la recevoir. Elle se retira d'a-bord dans la ville d'Avignon, et enfin, après bien des difficultés, elle obtint d'aller finir de tristes jours à Rome, dont le Pape lui avait long-temps interdit l'accès.

On a souvent répété que la vertu aux prises avec le malheur, était le spectacle le plus sublime et le plus digne d'attirer les regards de la divinité: tant de perfection n'est pas accordée aux faibles humains; et pour eux, il faut l'avouer, le spectacle le plus consolant est celui de l'orgueil et de l'ineptie d'un ministre aux prises avec une disgrâce bien méritée et bien complète. Cette impression n'est point celle de la haine, mais seulement l'effet d'une juste représaille. Qu'un roi n'accomplisse pas tous ses devoirs, on ne peut lui faire un crime d'être né dans le rang suprême; ce n'est qu'au ciel et à sa destinée qu'il doit le fardeau qui lui est imposé. Mais qu'un homme enfatué de soi-même, notre égal hier, et peut-être beaucoup moins, se croye déplacé dans la foule, la renverse pour en sortir, use de tous les moyens, et sans choix, pour s'emparer de l'autorité; qu'il y parvienne, qu'il se glisse au pied du trône pour le dominer; que, sans y être contraint, il se charge de nous gouverner et nous commande en maître : nous avons le droit de lui demander compte de son ambition, de le sommer de nous rendre heureux, et d'exiger de lui ce que donnaient à nos pères un d'Amboise, un Lhopital, un Sully, l'exemple des vertus, de la religion, des mœurs, de la fidélité, de l'amour des lois, et de la haine pour les factieux. S'il ne peut s'élever jusqu'à ces grands hommes, qu'il se retire. La jeunesse ou le défaut d'expérience ne sont point des excuses pour des ministres. Le succès peut absoudre la témérité. Les fautes repoussent la pitié. Comment en accorder à des imprudents assez coupables pour se charger d'un rôle qu'ils n'ont jamais appris et qu'ils n'ont pas même le moyen d'apprendre ; le soldat, du moins, apprend par les ordres du jour les règles de la discipline qui lui sont prescrites ; la chaire évangélique ne dédaigne pas, chaque dimanche, d'enseigner au villageois les lois qu'il doit suivre, les fautes qu'il doit éviter, et les peines qu'il peut encourir. Le magistrat sur son tribunal, n'y siége jamais qu'en présence de son Dieu, source de toute justice, et qui l'avertit de ne point s'en écarter. Les fêtes mêmes, chez les anciens, n'étaient point exemptées de leçons ; l'image de la mort, placée comme un convive nécessaire au bout de la table des festins, avertissait, au milieu des plaisirs, de ne pas se fier à leur fugitive inconstance. Dans tous les rangs et dans toutes les situations, une voix suprême se fait entendre aux hommes et leur trace la ligne de leurs devoirs. Quelle voix sera jamais assez puissante pour être écoutée par des ministres présomptueux ? Rien de moral, rien d'instructif ne vient à leur secours, et il est cruel pour un peuple d'être forcé de faire leur apprentissage à ses dépens. Ne serait-il pas convenable, au moins, d'orner les salons et les palais de ces hauts personnages de quelques récits ou de quelques tableaux historiques qui rappelassent à leur mémoire les sérieuses catastrophes de leurs devanciers. Il y aurait générosité et utilité dans ce genre d'instruction ! Puissent-ils en trouver une dans les souvenirs du duc d'Olivarès et de la princesse des Ursins. Nous ajouterons au récit de leurs tristes aventures, un passage très curieux de l'Essai historique sur Strafford, par M. le comte de Lally-Tolendal. Voici comment il s'exprime sur trois ministres contemporains, ce même Olivarès, Buckingam, et Richelieu.

« C'est une remarque frappante qu'à la même
» époque trois ministres gouvernant despotique-
» ment les trois grandes monarchies de l'Europe,
» *tourmentaient* toute cette partie du monde de
» *leurs passions personnelles ;* tandis que les
» trois monarques, *dont ils usurpaient le pou-
» voir,* abandonnés à eux-mêmes, à leur jeu-

» nesse, à leurs vertus, à leurs tempéraments,
» eussent laissé leurs peuples et leurs voisins
» couler de paisibles et heureuses destinées(1)! Il
» est difficile que cette réflexion ne soit pas d'un
» bien grand poids, toutes les fois que s'agitera
» le dogme de la *responsabilité ministérielle.* »

L'ouvrage qui contient ces observations a été singulièrement vanté par M. Villemain. On aime à voir que de pareils aveux aient appelé ses éloges : je l'en félicite.

---

(1) L'illustre pair a emprunté cette réflexion très judicieuse au président Hainault (page 419), qui lui-même en cède le mérite à l'historien Nani, Vénitien, ambassadeur en France et procurateur de Saint Marc.

Voici ce qu'on lit dans son histoire de Venise , qui est à-peu-près celle de l'univers :

« En ce temps-là, l'Europe comptait entre ses malheurs la ren-
» contre de trois jeunes rois qui laissaient toute la direction de
» leurs affaires à la discrétion de leurs ministres. Richelieu gou-
» vernait la France, Olivarès l'Espagne, et Bouckingham la
» Grande-Bretagne. »

SUR CE QU'ON NOMME

LA VOLONTÉ DES ROIS.

—————————

Si l'on nous parle de la part de ces gens-là, nous n'écouterons rien; si c'est de la vôtre, nous écouterons; mais nous irons droit notre chemin.

(*Lettre de L. S. X. au Roi* Louis XVI.)

—————————

COMBIEN *de fois s'est-on plaint*, dit Bossuet, *que la force des choses jugées n'était plus connue, que le nom du prince était employé à rendre tout incertain, et que souvent l'iniquité sortait du lieu où elle devait être foudroyée.* Ces reproches, qui sont encore mieux fondés aujourd'hui qu'ils ne l'étaient autrefois, ne semblent-ils pas s'adresser positivement aux coupables auteurs de toutes nos incertitudes. On s'empare de ces réflexions éloquentes quand l'appui de l'iniquité réside en effet sous nos yeux dans le lieu même où elle devrait être foudroyée. En repoussant les régicides, on proclame sur leur retour le plus solennel *jamais*, et dans la même semaine ils sont rappelés. On déclare que la dignité de l'Europe et de la France serait compromise si l'on rendait à la patrie les assassins du *Juste couronné*, et ces paroles sont à peine arrivées aux extrémités de la France qu'elle peut s'effrayer de revoir les bourreaux de son Roi.

Bizarre et décevante combinaison d'une autorité versatile, qui blesse toutes les opinions, et n'obtient que le mépris et la haine de tous les partis. Qui donc a-t-on l'intention d'abuser? Est-ce l'Europe, est-ce la France, est-ce le frère et la famille du *Juste couronné?* Le Roi le veut, nous dit-on; le Roi le veut; et c'est devant cette formule banale que l'on prétend faire incliner les sujets les plus fidèles. Osent-ils un instant réfléchir, en obéissant? *c'est un crime*, leur dit-on, *que d'élever seulement un doute sur la volonté personnelle du Roi, manifestée dans une de ses ordonnances.*

Mais si les ordonnances, les lois et les paroles sont toutes contradictoires, à quoi donc ajouter foi? Douter n'est pas refuser de se soumettre; c'est encore moins offenser; c'est présumer seulement que l'intention que l'on attribue au Roi, ne se trouvant pas en harmonie avec les vertus de son ame, cette volonté ne peut être qu'éventuelle et supposée.

Penser et parler autrement, donnerait à croire

qu'un grand prince manque à-la-fois de lumière et de sincérité; mais avec la plus belle ame et l'esprit le plus exercé, qui que ce soit ne peut juger sa position et les événements que tels qu'il les aperçoit, et les rois malheureusement ne les voyent que tels qu'on les leur montre. C'est donc un hommage à leur rendre que de ne prendre pour leur volonté réelle que ce qui est beau, que ce qui est grand, juste, bon, noble, magnanime et généreux; et de regarder ce qui n'est pas ainsi, comme une inspiration qui leur est étrangère.

Ces réflexions reportent naturellement le souvenir sur les exemples mémorables que l'histoire sainte, ancienne et moderne, rassemble et nous offre à profusion.

Un ministre infâme inspire à son maître la volonté de faire exterminer un peuple entier. L'héroïque fidélité d'un sujet soumis, n'est pas même un préjugé favorable à sa nation.

Nous avons ordonné (1), dit le Roi, que tous ceux qu'Aman, que nous honorons comme notre père, aura désignés pour être de ce peuple, soient anéantis avec leurs femmes et leurs enfants, sans

---

(1) Jussimus ut quoscumque Aman, qui omnibus provinciis præpositus est, et secundus a rege, et quem patris loco colimus, monstraverit, cum conjugibus ac liberis deleantur ab inimicis suis, nullusque eorum misereatur.

que personne en ait compassion. L'instant est fixé, c'est le douzième mois de l'année, le 14 d'Adar, que le crime doit s'accomplir; encore dix jours, et les Juifs n'existeront plus. Mais ce faible intervalle suffit. Assuérus est éclairé; son cœur magnanime se révolte; la volonté de sa justice est la seule qui l'inspire; l'ordre barbare est révoqué. L'anneau royal scelle (1) un ordre contraire; le même jour est marqué par la chute épouvantable et la mort (2) ignominieuse de l'injuste Amalécite; et la vertu, comblée d'honneurs et de récompenses, triomphe enfin dans cette même cour où régnait l'esprit de vertige et d'erreur.

Telle est la véritable volonté d'un Roi.

C'est alors qu'Assuérus, détrompé, ne balance point d'adresser au sujet le plus fidèle ces paroles consolantes pour tous les opprimés, et que Racine a si bien exprimées dans ces beaux vers :

Mortel chéri du ciel, mon salut et ma joie,
Aux conseils des méchants ton roi n'est plus en proie;
Mes yeux sont dessillés, le crime est confondu :
Viens briller près de moi dans le rang qui t'est dû.

S'il est vrai que la scélératesse d'Aman ne fut

---

(1) Scribite ergo judæis regis nomine, signantes litteras annulo meo.

(2) Cui dixit Rex . appendite eum in eo.

jamais la volonté d'Assuérus, il n'est pas moins certain que les malheurs qui suivirent la révocation de l'édit de Nantes, ne furent jamais la volonté de Louis XIV. On peut rappeler des maux passés au moment où la haute sagesse du Roi nous assure qu'ils ne reviendront plus.

Mais qui donc eût été coupable à cette époque d'élever des doutes sur la volonté d'un grand roi, quand elle semblait ordonner, sans prétexte et sans besoin, la proscription d'un nombre immense de Français, quand elle armait les familles contre les familles, réduisait, au nom de la religion, des vieillards, des jeunes gens, des riches, des nobles, tous estimés par leurs vertus, aux derniers opprobres de la misère.

Quoi! lorsque les tortures et les abjurations simulées se succédaient tour-à-tour, sans autres témoins que le juge et le bourreau, on devait se persuader que telle était la volonté d'un Roi Très Chrétien!

Non, ce ne fut point sa volonté : ce fut celle d'un ministre ambitieux, qui n'ayant plus de guerre extérieure à soutenir pour soutenir son crédit, voulut se rendre utile par une guerre intestine. Mille voix s'élevèrent contre ces vexations horribles, arbitraires. Des hommes courageux refusèrent d'y prendre part; et ceux qu'on appelait rebelles et proscrits, Bossuet les nommait *ses frères errants*.

M. d'Aguesseau, intendant du Languedoc, ne permit pas aux gens de guerre de s'introduire dans cette province, et le calme y fut maintenu sans leur secours.

Aucune violence ne fut ordonnée ni même tolérée dans le gouvernement de M. le maréchal de Noailles.

Quelques provinces favorisées du ciel, virent arriver jusqu'à elles des anges consolateurs sous le nom et la figure d'un Fénélon, d'un abbé Fleury et d'un abbé de Langeron (1). L'abbé de Fénélon, chargé d'une mission particulière sur les côtes de Saintonge et dans le pays d'Aunis, ne l'accepta que sous la condition expresse qu'il s'y rendrait seul et sans aucun soldat. Le jeune missionnaire eut à combattre un ministère passionné ; mais il insista, et Louis XIV, toujours juste lorsqu'il n'écoutait que son cœur et les lumières de sa raison, se rendit à l'avis de Fénélon. Plusieurs évêques, les *Coislin*, les *Barillon*, les *Laval*, les *Matignon*, les *Villars*, les *Séguier*, et d'autres prélats d'un rare mérite, montrèrent le même courage et le même esprit d'humanité. Louis XIV applaudit à leur zèle. C'était si peu sa volonté qu'on employât la violence contre les protestants ; les formes cruelles étaient si loin de

____

(1) Bausset.

son cœur et de sa pensée, que peu de temps avant la révocation de l'édit de Nantes, il traita sévèrement deux intendants qui, pour convertir des Huguenots, les avaient livrés à la brutalité de quelques soldats. L'un de ces intendants fut vivement réprimandé, et l'autre honteusement révoqué.

Les intentions de Louis XIV furent aussi pures et aussi-sages que son ame était noble et généreuse; des hommes d'un caractère bien différent trahirent ses volontés, et s'emparèrent de leur exécution. Colbert n'existait plus. Aucun dés personnages connus par leur sagesse, ni le cardinal de Noailles, ni Bossuet, ne furent consultés. L'oraison funèbre de Letellier ne prouve rien contre l'équité de cet auguste prélat. La révocation de l'édit de Nantes est du 22 octobre; le chancelier mourut le 31. Les sinistres effets de ses conseils n'avaient point encore éclairé l'évêque de Meaux. Il croyait ne céder qu'à son devoir *en épanchant son ame sur la piété de Louis XIV, et en répétant à ce nouveau Constantin, à ce nouveau Théodose, à ce nouveau Marcien, à ce nouveau Charlemagne, ce que les six cent trente pères de l'Église dirent autrefois dans le concile de Calcédoine; vous avez affermi la foi!* PER TE ORTHODOXA FIDES FIRMATA EST. Cet éloge même était mêlé de réflexions sévères. *Un prince,* ajoutait-il, *quelque grand qu'il soit, ne connaît sa force qu'à demi , s'il ne connaît pas les hommes que la Providence fait naître en son temps pour le seconder.* Plus tard, les représentations de Bossuet furent heureuses ; il fit connaître au Roi les calamités qui pesaient sur la France. Le Roi écouta les conseils de la douceur et de la modération. L'ordonnance de révocation fut singulièrement adoucie par une ordonnance postérieure. Plusieurs protestants en profitèrent ; ils rentrèrent dans leurs biens, sans qu'on les ait même recherchés, sur la seule obligation qui leur était imposée, celle de se faire instruire.

Il est donc avéré que la volonté du Roi, quoique manifestée dans un édit, ne fut pour rien dans cette grande et déplorable affaire. Louis XIV fut trompé par ses ministres : c'est ce qu'affirment tous les historiens sans passion ; c'est ce qu'attestent M. l'évêque d'Alais et M. de Saint-Lambert. Quand un évêque et un philosophe sont d'accord sur une vérité, il faut qu'elle soit bien incontestable.

Ces deux exemples, séparés par tant de siècles, mais rapprochés par leur analogie, ne sont pas les seuls que l'on pourrait citer. Mille autres se présentent, et l'on ne serait embarrassé que du choix. Nous le demandons : entre la volonté d'Henri III, se déclarant chef de la Ligue, et sa volonté qui l'arma contre elle et lui fit accueillir les conseils et les secours d'Henri IV, quelle fut la volonté réelle, utile, indépendante et raisonnable ?

Et lorsqu'Henri IV disait à Sully : «Les cruels,
» comme ils m'ont trompé! » croit-on que la volonté qui se manifestait dans ce noble épanchement
d'un grand cœur, était la même que celle qu'il
exprimait sur un si rare ministre dans les courtes
brouilleries où l'entraînaient de lâches courtisans?

Et quand la veuve d'Henri IV, réléguée d'a-
bord à Blois, sacrifiée de nouveau par faiblesse,
et forcée de fuir à Bruxelles, était réduite à présenter une requête au parlement, et à se plaindre
d'avoir été prisonnière au château de Compiègne,
sans être ni accusée ni convaincue, croyait-on
alors et croit-on aujourd'hui qu'une reine et
qu'une mère fût ainsi traitée par la volonté libre
de son fils?

Croira-t-on, quand un ministre impérieux et
vindicatif, espérant vivre assez pour usurper la
régence, excitait contre un prince qu'il craignait
et qu'il voulait perdre, le Roi, son frère; croira-
t-on que Louis XIII exprimait sa volonté le jour
où il mandait à Saint-Germain son parlement, et
lui faisait enregistrer cet édit incroyable?

« Louis, etc., savoir faisons que de notre propre
» mouvement, pleine puissance et autorité royale,
» nous avons déclaré et déclarons que nous avons
» supprimé et supprimons la compagnie des gens-
» d'armes et de chevau - légers dont nous avions
» confié le commandement à notre frère le duc
» d'Orléans, et l'avons privé et privons de son

» gouvernement d'Auvergne ; et ordonné et
» ordonnons qu'il ne pourra jamais à l'avenir
» avoir aucune administration en ce royaume, ni
» être régent pendant la minorité de mes enfants,
» et l'en avons dès à présent déclaré et déclarons
» incapable ; si donnons en mandement, etc.,
» car tel est notre plaisir, etc. Donné à Saint-
» Germain, le premier jour de décembre, l'an
» de grâce 1642.

Ce n'était assurément ni le plaisir ni la volonté
du Roi de s'armer ainsi contre son sang, et d'ou-
trager à-la-fois la justice et la nature. C'était si peu
sa volonté qu'à peine le cardinal eût-il fermé les
yeux que, délivré de sa tyrannie, le Roi s'aban-
donna de lui-même aux vrais sentiments de son
cœur, et fit enregistrer cette ordonnance contraire :

« La satisfaction que nous avons de notre très
» cher et très amé frère le duc d'Orléans, nous
» donne sujet d'espérer que nous, et après notre
» décès, notre chère et très aimée épouse et com-
» pagne la reine-mère de nos enfants, en aurons
» toutes sortes de contentements ; à ces causes, de
» notre certaine science et pleine puissance et
» autorité royale, nous avons, par ces présentes
» signées de notre main, révoqué et révoquons la
» déclaration du 1er. décembre, vérifiée en notre
» cour du parlement de Paris ; voulons et nous
» plaît qu'elle demeure nulle et supprimée, et
» qu'elle soit tirée des registres de notredite cour

» de parlement de Paris, et remise entre les mains
» de notre cher et féal le sieur Séguier, chan-
» celier de France, pour être cancellée et déchirée. »

Voilà les paroles d'un Roi, la volonté, les sentiments d'un frère quand un ministre ne lui prête
plus son langage, et qu'il cesse d'en être obsédé.

N'a-t-on pas vu le magnanime Alexandre ré-
tablir dans leurs places et élever en dignité deux
membres de son conseil qu'il en avait éloignés
par des inspirations coupables ? Quelle est de ces
deux volontés celle qu'il avoue, qu'il chérit, ou
qu'il rejette ?

Mais le Roi lui-même n'a-t-il pas offert à l'ad-
miration de la France attendrie la preuve la plus
touchante, la plus signalée, que la volonté
proclamée par ses ordonnances n'est pas toujours celle de son cœur et de sa dignité ! Qu'on se
rappelle à quelle abnégation de sa volonté sa
haute vertu se résigna pour assurer la tranquillité
de sa capitale, quand on essayait de lui faire
croire qu'une insurrection était possible, à son
approche, dans sa bonne ville de Paris, dans sa
bonne ville que le nom de son Roi plongeait dans
l'ivresse, et qu'on ne vit troublée que par l'attente et l'impatience de le revoir.

Qu'elle fut extrême la joie d'un peuple immense
et fidèle, puisque, dans ses premiers transports,
*la violence faite à la couronne ne fut pas même
aperçue.* Mais s'il était possible de l'oublier, que

l'indignation se réveille en relisant ces lignes admirables de M. de Châteaubriant.

« Je me rappellerai toute ma vie, nous dit-il,
» la douleur que j'éprouvai à Saint - Denis. Il
» était à-peu-près neuf heures du soir, j'étais resté
» dans une des chambres qui précédaient celle du
» Roi : tout-à coup la porte s'ouvre, je vois entrer
» le Président du conseil s'appuyant sur le bras
» du nouveau ministre.... O Louis le Desiré ! ô
» mon malheureux maître ! vous avez prouvé qu'il
» n'y a point de sacrifice que votre peuple ne
» puisse attendre de votre cœur paternel ! »

Quel est le Français qui, rendant hommage au caractère de son Roi, n'a pas dit alors qu'un pareil choix ne pouvait émaner de la volonté libre de son maître. Ce fut le cri de la France entière. Les craintes chimériques se dissipèrent, et l'indigne ministre fut repoussé.

Alors, et seulement alors, on reconnut une volonté libre, et l'on eut la conviction de son indépendance. Quelle doctrine est donc plus française et plus utile que celle qui révoque en doute la volonté du Roi, quand sa dignité, la justice et le bonheur de son peuple n'en sont pas la conséquence et le résultat ? Quel dogme plus politique et plus touchant à propager ? La France est-elle heureuse ? c'est par la volonté du Roi ; souffre-t-elle ? c'est l'effet d'une impression étrangère. Le génie du bien, le divin Oromase, c'est le Roi ;

le génie du mal, le cruel Arimane, c'est toujours un ministre. Tous les rois seraient assurés d'être aimés et bénis, si les peuples se rangeaient à cette croyance consolante.

C'est d'après ce principe et cette vérité de sentiment, que tous les bons Français n'ont jamais cessé de répéter cet ancien adage de nos pères :

Si veut le Roi, si veut la loi.

Mais fiers et jaloux, et pressés de nous soumettre à ce double empire, nous ne dirons *jamais* :

Si veut Mathan, si veut Aman, si veut Bagoas, si veut Séjan, si veut Narcisse, si veut Rufin, si veut Plautien, si veut Tristan, si veut Luna, si veut Fébourg, si veut l'Eminence grise, si veut Jefferies, si veut Letellier, si veut Godoy, si veut . . . . si veut la loi! *Jamais!*

Ce *jamais* est plus sûr qu'un *jamais* libéral.

<div style="text-align:center">~~~~~~~</div>

DANGERS

DES GOUVERNEMENTS FAIBLES.

L'ADMINISTRATION d'un grand État est comme une tutelle qu'il faut régir pour l'intérêt des pupilles et non du tuteur.

(1) Lorsque Alexandre Sévère voulait donner à ses provinces des gouverneurs, des intendants, des officiers, il faisait afficher les noms des prétendants, afin que tout homme qui avait des reproches à leur faire, pût venir à révélation.

« C'est (2) peu, disait Ciceron, qu'en nous don-

---

(1) Ubi voluisset Alexander Severus aliquos provinciis rectores, præpositos, procuratores dare, nomina eorum, publicè proponebat, ut, si quis à populo aliquid adversùs eos criminis haberet affere posset.

(2) Parvi refert abs te ipso jus dici æqualiter et diligenter, nisi idem ab iis fiet quibus tu ejus muneris aliquam partem commiseris. Neque enim satis est te ipsum justum esse, et abstinentem : sed omnes ministros imperii tui tales præstare et *sociis nostris* et reipublicæ debes.

» naut des lois vous ayez l'intention de les rendre
» égales pour tout le monde, si votre exemple
» n'est pas suivi de tous ceux à qui vous faites
» part de votre autorité. Non, il ne vous suffit
» pas d'être juste, vous êtes tenu envers la chose
» publique et *vos alliés* de n'employer que des
» ministres qui vous ressemblent. »

Épargner les coupables, c'est se rendre plus coupable qu'eux. C'est une politique immorale et cruelle que d'user de modération avec les factieux. L'esprit de vengeance et de révolte les suit et les anime au sein de leur patrie comme dans leur exil. La clémence a toujours perdu ceux qui n'ont pu s'en défendre pour de pareils hommes. L'histoire, la tradition, l'expérience de tous les âges, viennent par mille exemples à l'appui de cette vérité.

Dion assassiné n'eut pas même un vengeur dans Syracuse, et la tyrannie reprit son sceptre ensanglanté.

Trois mille citoyens furent massacrés dans la ville d'Éleusine, parce que Trasibule voulut épargner vingt conspirateurs au Pirée.

César, trop indulgent pour les partisans de Pompée, les rétablit dans leurs biens, leur confie les magistratures de la république; il souffre sans défiance que ses ennemis comme ses amis composent le Sénat de Rome : le grand homme est assassiné.

Le décret d'amnistie que Cicéron sut arracher au Sénat après ce meurtre, fit perdre à Brutus toute considération et toute puissance, et ne lui laissa que le glaive dont il fut réduit à se frapper à la journée de Philippes.

La fin déplorable et sacrilége de Henri IV n'eut pas d'autre cause que sa confiance et sa douceur.

Un outrage plus récent à la royauté, l'échafaud de Charles Stuart, ne doit son existence qu'à la clémence de ce prince et qu'à sa modération.

Une mort naturelle ne prévint que de quelques mois la chute de Cromwell. Sa ruine était certaine du moment qu'il eut cassé le parlement, instrument de sa grandeur, et que par une politique trop modérée, il eut rendu le droit de suffrage et l'influence à ses ennemis dans les élections populaires.

Les ménagements et la bassesse de Buonaparte pour les jacobins, auraient eu pour lui le même résultat que sa défaite à Waterloo.

Et l'éternel objet de nos remords et de nos affections ! et l'infortuné Louis XVI !.... nos larmes intarissables, des flots de sang mêlés au sien, ont-ils une autre source que dans sa bonté céleste et sa désolante longanimité.

Ah ! craignons une vertu si funeste. On ne le sait que trop, il faut aux jacobins, comme aux buonapartistes, un Dieu qui dévore les hommes pour en hériter. Certains qu'il ne doit plus renaître, ils chercheront sans cesse à venger leur Moloch. Ils imiteront dans leur fanatisme cet eunuque Bagoas qui, favori d'un roi de Perse, immola son bienfaiteur pour venger la mort du bœuf Apis.

Et c'est avec ces furieux qu'on nous parle de réconciliation et de paix! On propose en tous lieux, on proclame chaque jour le culte réuni de la monarchie et de la révolution. Quel amalgame atroce! Quelle divinité monstrueuse croit-on nous faire adorer! Non, ce n'est pas l'ironie des Lacédémoniens qu'il faut imiter dans cette occurrence. Les flatteurs d'Alexandre pressaient les peuples de la Grèce de reconnaître sa divinité. Sparte répondit par ce décret laconique à tant d'extravagance.

Quoniam Alexander Deus esse vult, esto Deus.

« Puisque Alexandre veut être Dieu, qu'il
» le soit. »

Espère-t-on des Français une si coupable indifférence? et pense-t-on quand on veut qu'ils s'inclinent devant un gouvernement jacobin, qu'ils répondront froidement :

Puisque le gouvernement veut être jacobin, qu'il le soit?

Impossible! nos malheurs, notre indignation, nos inclinations monarchiques, les images de

S. Louis, de Henri IV, de Louis XIV; nos ser-
ments à notre Roi; tous ces sentiments réunis et
plus vifs chaque jour, ne permettront jamais à la
nation la plus aimante, la plus fidèle et la plus
courageuse de supporter un pareil avilissement.

Quand le malheureux Philippe IV, subjugué
par Olivarès, voyait ses flottes anéanties, ses armées détruites, et l'Espagne démembrée; ses fidèles sujets, accablés de misère et victimes d'un
ministre insensé, adressait à Dieu cette touchante
prière, autant pour eux que pour le bien géné-
ral du monde entier :

DÉTOURNEZ, SEIGNEUR, DE TOUS LES ÉTATS UN
MAL QUI EST CAUSE DE TANT D'AUTRES MAUX; NE
REFUSEZ PAS AUX SOUVERAINS CET ESPRIT DE COM-
MANDEMENT ET DE CONDUITE QUI LEUR EST NÉCES-
SAIRE POUR GOUVERNER. DONNEZ – LEUR ASSEZ D'IN-
TELLIGENCE POUR SE BIEN CONSEILLER EUX-MÊMES,
OU POUR BIEN CHOISIR LEURS CONSEILLERS....

AINSI SOIT-IL.

SUR LES FAVORIS.*

QUEL noble et touchant conseil que celui d'un philosophe un peu sévère, lorsqu'il disait à un grand prince :

Que ce soit votre peuple qui soit votre favori.

La raison cependant, et même la vertu, permettent d'adoucir l'austérité de ce précepte. Elles ne prescrivent point de combattre la nature, il suffit qu'elles en corrigent l'imperfection. Ce serait se montrer le tyran des Rois que de ne pas consentir qu'ils fussent hommes, et qu'ils trouvent dans les confidences de l'amitié quelques délassements à leurs travaux. Le fils d'un Dieu donna lui-même des préférences à l'un de ses disciples ; et S. Jean se glorifiait de pouvoir se nommer son favori. C'est à ce titre que le beau tableau de la Cène nous représente le jeune apôtre reposant négligemment sa tête sur

---

* Il y a 154 ans que ce morceau est imprimé. Je me hâte de le déclarer, afin de prévenir toute maligne interprétation. Cette lecture prouvera qu'il y a deux choses que le temps ne saurait altérer ni changer : le vice et la vérité.

le sein d'un maître redoutable, et dans un lieu où les séraphins n'osent qu'à peine et en tremblant élever un œil respectueux.

Mais il faut que les sentiments d'un prince soient fondés sur la justice, et qu'il garde une juste mesure dans la distribution de ses faveurs. Il doit faire quelque différence entre les personnes qui lui plaisent et celles qui sont utiles, entre les récréations de son esprit et les nécessités de son état. Le faible mérite d'être agréable dans la conversation ne doit pas être un titre pour être admis et pour dominer dans les conseils.

Les courtisans dont le prince est assailli ne sont, dans la vérité, qu'une matière brute qu'il a le pouvoir de rendre plus belle, mais non pas meilleure qu'elle n'est. Sa préférence peut faire une idole, mais jamais une divinité.

Quand on voit de ces indignes heureux, adorés jusque dans leurs vices, couverts d'or et comblés d'honneurs à la cour des Rois, ils nous rappellent ces animaux affreux que l'on voyait en Égypte encensés sur les autels.

Oui, ces colosses de la faveur me représentent ces montagnes arides que je mesurais de l'œil autrefois en parcourant le monde : elles ne produisent ni herbes ni plantes ; elles touchent le ciel et ne sont d'aucune utilité sur la terre. Leur stérilité fait maudire leur élévation. Il en est de même des favoris ; ce ne sont que des superfluités et des fardeaux qui écrasent toutes les parties de l'État, et qui occupent plus de place que les choses nécessaires; et toutefois je ne les considère dans ce moment que dans une faiblesse encore innocente, et avant qu'ils ayent ajouté l'injustice de leurs actions à l'indignité de leur personne.

Voilà pourtant les méprises et les extravagances de la Fortune; de cette déesse sans yeux et sans jugement. Elle ressemble à ces reines d'un goût bizarre dont l'imagination ne s'enflammait que pour un nain, pour un maure ou pour un taureau. La Fortune choisit comme elles le plus difforme ou le plus laid; et dans la distribution des prétures, elle préfère les infirmités rebutantes de *Vatinius* à la vertu de *Caton*. Elle fait des profusions et n'acquitte point ses dettes.

Mais sans trop accuser la Fortune, on doit également reconnaître, dans ses élévations fantasques, un caprice et un jeu de la puissance, un exercice et une occupation de la souveraineté qui prend plaisir à étonner le monde par des prodiges, à changer le destin des petits et des misérables, à peindre et à dorer de la boue.

Quelle âme assez froide pourrait contempler, sans émotion et sans dépit, tantôt le consulat profané par des personnes infâmes, tantôt le commandement des armées abandonné à des souteneurs de tavernes qui, sous un autre règne, auraient à peine gardé les bagages; et tantôt le timon de l'État saisi par des recors diffamés, quand la justice devait les enchaîner à la rame.

Si l'on s'attache à d'autres histoires plus récentes, elles nous montrent des barbiers, des tailleurs, des valets employés aux plus importantes négociations et aux plus illustres charges de leur pays, et changés du soir au matin en chambellans, en ministres et en ambassadeurs.

La bonne opinion de soi-même, accompagnée du mépris d'autrui, tel est le seul titre de ces parvenus. Ils se persuadent que l'autorité supplée à l'expérience et au raisonnement, qu'elle tient lieu de révélation, et que Dieu est obligé de faire valoir le choix du prince par la subite illumination de ses créatures. Il n'en est pas ainsi. C'est tout ce que Dieu a voulu faire une seule fois pour les ministres de son fils. Il s'est joué par ce bienfait de la superbe philosophie. Il a confondu la prudence humaine en prenant des ames neuves et grossières, pour être les confidents de ses décrets. Il a tiré des cabanes et des comptoirs ceux qu'il voulait établir rois et docteurs des nations. C'est en vain que ces autres ignorants oseront espérer d'être éclairés de la sorte, et qu'ils attendent du ciel la connaissance des choses passées et la pénétration dans celles de l'avenir. Il faut avoir long-temps pratiqué les chemins pour servir de guide ; et quand tous les métiers ont besoin d'apprentissage, pense-t-on que celui de gouverner le genre humain n'aura pas besoin d'instruction ? Quoi ! on gouvernera le monde au hasard et à l'aventure, et l'on jouera, comme à trois dés, le sort des peuples et des royaumes. Ah! c'est bien faire le phaéton dans ce monde. C'est courir la fortune d'en brûler une partie et de laisser glacer l'autre. Les favoris ignorants sont dans ce danger perpétuel. Leurs actions sont des contre-temps. Au lieu de frapper au but, ils le passent ou n'y arrivent pas. Aujourd'hui, ils déclarent la guerre par colère; demain, ils demandent la paix par lâcheté. Ils flattent les ennemis naturels de la patrie, et offensent les anciens alliés. Ils introduiraient en Espagne la liberté de tous les cultes, et l'Angleterre en recevrait l'inquisition; ils fortifient le cœur de l'Etat quand la frontière est nue et désarmée; enfin, ils raseraient la citadelle de Lille ou de Strasbourg, et en bâtiraient à Senlis ou à Poitiers.

Le choix de leurs créatures est bien digne de celui qu'on a fait d'eux. C'est un matamore qu'ils nommeront à l'ambassade de Rome; aux finances, un prodigue effronté connu par une banqueroute amicale, et qui parle admirablement d'économie; à la justice enfin, c'est un ignorant vaniteux qui, en voyant le traité de Sénèque *de Beneficiis*, croit ce philosophe un docteur en droit *canon*, et qu'il a écrit sur les matières *bénéficiales*. Ils pensent toutefois que l'orgueil est le soutien de la dignité; que leur condition ne serait pas changée, s'ils conservaient quelque modestie, et que la courtoisie les remettrait dans leur première humilité. Voilà par quelle mesure ils tombent dans la haine pour éviter le mépris; ils se font craindre, ne pouvant parvenir à être respectés; ils se persuadent que le seul moyen d'échapper au souvenir de leur ancienne bassesse, est de se retrancher dans la tyrannie, et que c'est en arrachant des larmes qu'ils empêcheront de rire de leur nullité.

C'est ainsi qu'ils gouvernent le monde; ils renversent ce qu'ils espèrent soutenir; ils brisent ce qu'ils ont dessein d'unir; ils détruisent tout ce qu'ils touchent. L'édifice qu'ils élèvent ne laisse que des ruines autour d'eux. La chute des princes et la perte des Etats sont le succès de leur administration! Usurpateurs de la souveraine puissance, ils en usent comme les enfants de leurs couteaux dont ils se coupent le plus souvent, et dont ils blessent leur nourrice et leur mère.

Non, il n'existe point assez de supplices dans toute l'étendue de la justice humaine, pour ceux qui abusent de l'autorité d'un Roi, qui changent ce bien en mal, et qui corrompent une chose si salutaire et si excellente. Il vaudrait mieux qu'ils empoisonnassent tous les puits et toutes les fontaines de leur pays: quand ils infecteraient même les rivières, on pourrait découvrir quelques sources pures, et l'eau du ciel fournirait à nos besoins. Mais, ici, nous sommes dans la nécessité de boire

le venin jusqu'à la lie ; et contre ces maux domes-
tiques, il n'est pas permis de recourir à des remè-
des étrangers. Nous sommes obligés de demeurer
misérables par les lois de notre religion, et d'o-
béir à des furieux, non seulement par la crainte,
mais encore par la conscience.

Si nous reconnaissons que les personnes des
princes, quels qu'ils soient, nous doivent être
inviolables et saintes ; si les caractères du doigt
de Dieu font une impression qu'il faut révérer,
sur quelque matière qu'elle soit gravée ; ah ! tour-
nons notre haine contre leurs flateurs, qui nous
jettent dans des misères sans ressource ; portons
notre vengeance contre ces favoris, contre ces
mauvais conseillers, dont les avis pernicieux en-
chérissent toujours sur les résolutions qui ont
été prises. Leurs maximes de sang et de feu assu-
rent et fortifient la malice, quand elle est encore
craintive et douteuse. Ils aiguisent ce qui coupe ;
ils précipitent ce qui penche ; ils échauffent les
avares après notre bien, et ils encouragent les
violents quand ils courent après la proie.

Que s'ils rencontrent des naturels peu suscep-
tibles de ces fortes passions, et éloignés, en pareil degré, du vice et de la vertu ; s'il leur tombe
entre les mains de ces princes doux, qui ne sauraient se porter au mal parce qu'ils ne sauraient
agiter et remuer leur indolence ; de plus grands
maux alors accableront les peuples qui ont à vi-

vre sous leurs lois ; car , abusant de la simplicité d'un maître facile , et de l'avantage que leur esprit a sur le sien , ils règnent eux-mêmes à découvert , et ils ajoutent à la pesanteur de la tyrannie , la honte qu'on éprouve à la souffrir d'un particulier.

On ne saurait s'imaginer les ruses et les artifices dont ils s'avisent pour accomplir leurs desseins , et pour assujettir un malheureux prince à leur volonté. La méthode est d'abord de le piquer de gloire dans l'établissement de leur fortune. Ils lui font entendre , par diverses jongleries , que ses prédécesseurs, qui n'étaient pas plus puissants que lui , ont bien fait de plus grandes créatures; qu'il vaut beaucoup mieux élever des gens nouveaux , qui n'ont point de dépendance , et qui ne tiendront qu'à sa Majesté, que de se servir de personnes de haute naissance et de probité connue, qui ont déjà leurs affections et leur parti ; qu'il y va de son honneur de ne pas laisser ses ouvrages imparfaits , de travailler à leur embellissement, après avoir établi leur solidité ; qu'il doit les mettre en état de ne pouvoir être défaits que par lui. Que s'il cède aux desirs des grands , qui ne veulent point de compagnons , et s'il contente les plaintes du peuple, qui est ennemi de toutes les grandeurs naissantes , il n'aura pas à l'avenir la liberté de faire du bien ; il sera contraint d'assembler ses conseils pour disposer de la moindre charge de son royaume. Qu'après tout, il ne peut abandonner une personne qui lui a été chère, sans condamner la conduite de plusieurs années, et sans rendre un témoignage public, ou de son aveuglement passé, ou de sa légèreté présente.

Si de pareilles considérations peuvent ébranler les esprits fermes, et font quelquefois faillir les sages, comment s'étonner si elles renversent aisément un prince faible, qui n'use que de raison empruntée, et qui se laissera toujours persuader par une fort médiocre éloquence, pourvu qu'elle favorise son inclination.

Le voilà donc engagé dans l'agrandissement du sujet qu'il aime ; il n'en parle plus que comme de son entreprise, et de sa fin. Le voilà idolâtre, sans y penser : il adore ce qu'il a fait, et fait comme les statuaires d'Athènes, qui faisaient leurs dieux de leurs ouvrages. Ses pensées, qui ne devraient s'occuper qu'à la gloire, et n'avoir pour objet que le salut du public, aboutissent toutes à ce beau dessein. Il lui ouvre ses coffres, et lui verse ses trésors ; autant pour faire dépit aux autres que pour lui faire du bien. Il lui a déjà donné toutes les charges de son royaume, et tous les ornements de sa couronne ; il ne lui reste plus que sa propre personne à lui donner. Ce qu'il fait enfin avec une si absolue et si entière résignation, qu'il n'est point d'exemple, dans les monastères, d'une volonté plus soumise, et d'un plus parfait renoncement de soi-même.

On ne montre le Roi que lorsqu'on a besoin de sa présence , pour autoriser les édits auxquels il n'a point eu de part ; et il est content de ne paraître que pour cela. On l'amuse à de puérils divertissements , indignes de sa condition et de son âge ; on lui donnerait des poupées, pour se jouer, qu'il ne s'en offenserait pas. On lui change tous les jours ses plus dévoués serviteurs, et il le trouve bon ; on ôte d'auprès de lui tout ce qui parle, et il ne songe point à quel dessein ; on lui fait une armée toute neuve, et il la reçoit ; on ruine sous divers prétextes, ce qu'il y a d'éminent et de vertueux dans son état, et il prête son consentement.

Contre les moins endurants et les plus difficiles au joug, on employe les armes et la force ouverte ; on attaque les riches et les paisibles par des accusateurs et des calomnies. A ceux que de longs services retiennent, et dont la fidélité est sans reproche, on donne des commissions ruineuses, ou de méchantes armées, pour aller attaquer de bonnes places, afin qu'ils perdent leur réputation, ou qu'ils se perdent eux-mêmes. On chasse les uns, par un commandement absolu de se retirer ; on bannit les autres par une ambassade ; et , pour les remplacer tous, l'ambitieux favori met des personnes à sa dévotion, qui ne regardent jamais au-delà de leur bienfaiteur, et s'arrêtent à la cause la plus immédiate de leur fortune.

Ainsi l'infortuné prince demeure à la merci et à la discrétion de son favori, ne jette pas un soupir dont un espion ne rende compte, ne profère pas une parole qui ne soit rapportée; si bien qu'au milieu de sa cour, il est dans les ennuis de la solitude. Il ne voit plus rien alentour de sa personne qui soit de sa connaissance, et n'a pas une oreille fidèle à qui il puisse dire : *je souffre*. Enfin il s'aperçoit, mais trop tard, qu'un favori devient un mal nécessaire, et dont un Roi ne peut se guérir que par un remède dangereux.

Voilà comme en pleine paix, sans querelle avec ses voisins, sans ennemis sur la frontière, sans un coup de canon tiré, ni s'être hasardé plus loin que du palais dans la ville, il se voit misérablement tombé dans la puissance d'autrui. Que lui serait-il arrivé de pis, après la perte d'une bataille ? L'instant malheureux auquel il a commencé d'aimer, et de croire plus qu'il ne fallait, l'a réduit à cette déplorable extrémité. Et, à parler sainement, la journée de Pavie ne fut pas si funeste à François Ier., ni la prise de Rome à Clément VII. Car si leur disgrâce fut grande, au moins elle ne fut pas volontaire ; s'ils perdirent leur liberté, ils conservèrent, dans leur affliction, la grandeur de leur courage ; et s'ils furent faits prisonniers, ce fut d'un grand empereur, leur ennemi ; et non pas d'un de leurs petits sujets. Il n'est point de si misérable, de si infâme captivité, que celle du prince qui se laisse prendre dans son cabinet, et par un des siens : il ne saurait exercer une plus lâche patience, ni être malheureux plus honteusement.

Il est affreux de le dire, mais il est constant qu'un Roi qui opprimerait son peuple, ne s'éloignerait pas tant des devoirs de sa charge, que lorsqu'il obéit à un autre. La tyrannie est bien différente de la royauté ; toutefois elle lui ressemble beaucoup plus que ne fait la servitude, et le despotisme est au moins une forme de gouvernement ; si, au contraire, un souverain se donne en proie à quelque misérable, et ne se réserve, ni la disposition de sa volonté pour suivre ses inclinations, ni l'usage de son esprit pour connaître ses affaires ; on ne sait plus quel nom lui donner ; il n'y a point de plus malheureux interrègne que sa vie ; il ne fait rien et fait tous les maux qui arrivent à son peuple.

Dans cet état, il est mort civilement ; il s'est comme déposé soi-même. Ce n'est plus que son effigie que l'on sert en public, et qui reçoit quelques révérences de parade et de coutume. On ne s'attache plus à la puissance légitime et naturelle ; on en suit une autre qui est étrangère, usurpatrice, née de la première, mais par une voie violente et comme par adultère. On quitte la royauté pour courir après la faveur, fille ingrate, comme disent les arabes, *qui tue bien souvent sa propre mère.*

La belle chose que c'était de voir autrefois un roi de Castille qui n'osait aller à la promenade, ni prendre un habillement neuf, sans la permission d'Alvarès de Luna ! Il fallait que son maître obtînt de lui toutes les grâces que lui demandaient les autres : le plus qu'il pouvait, c'était de recommander ses serviteurs à son favori, et de solliciter pour ceux qu'il aimait. La belle chose que ce serait de voir un parvenu, comme celui-là, qui révoquât les élections du prince, et redonnât les charges que son maître aurait déjà données ! La belle chose s'il trouvait mauvais que son Roi voulût lire, une fois en sa vie, un papier qui lui aurait été présenté à signer ; et s'il se plaignait que c'est méconnaître ses droits, oublier ses services et offenser sa fidélité !

Mais que serait-ce enfin si cet homme qui règne dans l'esprit du prince, et qui commande souverainement à ses sujets, obéissait lui-même à quelque meneur, à quelque vil complaisant, et si la fortune de tout un royaume était le jouet d'un subalterne intéressé ?

L'un d'eux, il n'y a pas long-temps, était monté à un si haut degré d'insolence, que, se trouvant sollicité de s'intéresser à quelque affaire, qu'on lui représentait juste et facile, afin qu'il s'y employât plus volontiers, il répondit, avec une fierté digne de sa nation et du pays d'où nous viennent les rodomontades, *qu'il n'usait point si faiblement de son crédit; qu'un autre pourrait servir en cette occasion, et faire les choses justes et possibles; que, pour lui, jamais il n'avait coutume d'entreprendre que les injustes et les impossibles.*

Combien de malheurs et d'oppressions ne voit-on point naître à l'abri de cette injuste fortune? A-t-il un valet, ce puissant favori, qui ne prodigue impunément l'outrage en s'appuyant du nom de son maître? qui ne vende sa vue et ses audiences, et qui ne s'enrichisse du rebut de son avarice et des superfluités de sa maison?

Quelle affliction pour un peuple, quand le roi et celui qui règne sont toujours deux personnes différentes? Il convient alors de changer la date de tous les édits; où l'on voit *de notre règne le dixième, le vingtième,* il faut effacer de *notre règne,* et y mettre de *notre servitude.* Ah! celui qui a fondé les monarchies, n'a pas eu l'intention qu'on abusât si honteusement de la souveraineté, qu'on la remuât ainsi de sa place, et qu'elle ne fût jamais où elle doit être! La puissance royale est de la nature de ces choses qui sont à nous de telle façon, que nous ne les pouvons donner à autrui, ni les séparer de nous-mêmes. Elle est légitime, tant qu'elle demeure dans les mains de ceux qui l'ont reçue de la loi de l'État ; mais la même loi veut qu'elle ne puisse passer d'une personne à l'autre, que par le moyen de la naissance et de l'hérédité.

Nos sages devanciers ont été sages en ce point, qu'en refusant de faire la couronne élective en faveur d'eux-mêmes, ils ont eu la précaution de n'en point rendre le roi si absolument propriétaire, qu'il fût en sa puissance d'instituer un héritier, comme on en voit des exemples dans les histoires des autres pays. Ils n'ont pas voulu que, de son vivant, le roi puisse résigner le royaume à son plaisir et à qui bon lui semblerait ; qu'il le puisse léguer en tout, ou en partie : mais au contraire, par une loi qui est de même âge et de même force que la salique, ils ont ordonné qu'il serait inaliénable et indivisible.

Nous repoussons avec horreur les principes de ces docteurs insolents et téméraires, qui ont eu la hardiesse de toucher, par leurs écrits, aux titres sacrés des oints du Seigneur ; mais nous remarquerons qu'ils mettent expressément au nombre des circonstances où les sujets ne sont plus tenus de reconnaître le prince, celle où *lui-même,* disent-ils, *reconnaît une autorité étrangère , et se fait tributaire de quelqu'un* : tant ils ont estimé toute sorte de sujétion et de dépendance, peu compatible avec la royauté. Qu'est-ce en effet que la royauté, ajoutent-ils, si celui qui l'exerce a un supérieur, ou un compagnon ?

On ne saurait le contester, il y a quelque chose de plus noble dans la présomption que dans la faiblesse ; ceux qui marchent à l'aventure dans un pays inconnu, valent encore mieux que ceux qui suivent des guides aveugles, et qui tombent par docilité. Les fables nous offrent des héros qui ont été furieux ; mais elles n'en présentent point qui aient été imbéciles ; on y voit quelquefois les emportements de leurs passions ; mais il est sans exemple qu'on y parle jamais de la stupidité de leur esprit.

Quel sort, grand Dieu ! que d'être en même temps au plus haut degré des choses humaines, et au dernier étage des hommes ; de s'appeler Sa Majesté, et de n'avoir rien que de petit et de bas ; d'avoir besoin d'un pédagogue dans le conseil et de souffrir sur le trône un curateur !

Le prince qui se laisse entraîner dans une situation aussi déplorable, n'évitera ni les reproches de son siècle, ni ceux de la postérité. La pureté de ses intentions ne l'empêche point d'être coupable. Son ignorance ne lui peut être pardonnée ; sa patience n'est point une vertu ; et lui seul est responsable du désordre, ou qu'il ignore, ou qu'il endure, comme s'il en était l'auteur.

Croit-il, ce prince rempli de piété, qu'il lui suffise, dans la ferveur de ses plus ardentes prières, de demander chaque jour à Dieu, *qu'il le dé-livre des péchés d'autrui?* Ce vœu même ne prou-ve-t-il pas assez que les Rois ne doivent pas se contenter d'une innocence personnelle et parti-culière, et qu'il ne leur sert de rien d'être justes, s'ils se perdent par l'injustice de leurs favoris?

On raconte qu'un religieux italien prêchait devant un prince du même pays. Il était au mi-lieu de son sermon, où il avait traité du devoir des souverains; lorsque s'ennuyant de demeurer trop long-temps dans la thèse générale, il en sor-tit tout-à-coup par ces paroles qu'il ne craignit point d'adresser à celui qui l'écoutait :

« Cette nuit, Monseigneur, lui dit-il, une étrange vision a frappé mes esprits : il m'a sem-blé que la terre s'est ouverte devant moi, et que je voyais distinctement jusque dans son centre. Là, je considérais les peines de l'autre vie, et tout ce terrible attirail de la justice de Dieu, dont mon imagination n'est pas encore bien rassurée.

» Parmi les méchants des siècles passés, j'en ai reconnu quantité de celui-ci. Les calomniateurs, les meurtriers, les impies, les hypocrites y accou-raient en troupes, et se pressaient au bord de l'a-bîme. Mais ayant observé dans leur vie de visi-bles marques de leur réprobation, je ne trouvais point étrange de les voir arrivés où je les avais vus s'acheminer. Mais que mon étonnement fut extrême, Monseigneur, quand je vous aperçus dans cette malheureuse foule qui se perdait. Soudain, tout saisi et tout interdit que j'étais par la nouveauté d'une rencontre si peu attendue, je m'écriais à Votre Altesse : Est-il possible qu'on se damne en priant Dieu, et que vous alliez en Enfer, vous, Monseigneur, qui êtes le meilleur et le plus religieux Prince du monde. Votre Altesse me répondit alors en soupirant : *Je n'y vais pas, mon père, mais on m'y mène.* »

***

Occupé sans cesse d'entretenir l'aveuglement et le fanatisme de ses partisans, Mahomet avait recommandé au plus fidèle et au plus borné de ses esclaves de descendre au fond d'une citerne qui se trouvait à sec au bord d'un grand chemin, et là de crier le plus haut qu'il lui serait possible, lorsqu'il l'entendrait passer environné d'un nombreux cortége : *Mahomet ! Mahomet ! est le bien-aimé de Dieu !* Les passants, frappés des sons qui s'élevaient de la citerne, s'arrêtèrent pour mieux écouter. Lorsque le témoignage de cette voix souterraine fut compris de tous les auditeurs, Mahomet, levant les yeux au Ciel, lui rendit grâces de cette faveur, et s'adressant à ceux qui l'écoutaient : « Hâtez-vous, leur dit-il, de » combler cette citerne avec des pierres, afin de » pouvoir élever une mosquée dans ce lieu même. »

L'ordre fut exécuté sur-le-champ. Le malheureux esclave, étouffé sous les pierres, servit de fondement à la gloire du prophète, et le secret de cette fourberie fut enseveli avec sa victime.

Prônez, soutenez, élevez jusqu'aux cieux tous ces fourbes qui vous placent au fond de la citerne, en vous demandant votre appui. Quand vos acclamations auront cimenté leur puissance, l'ingratitude jettera son masque. Voyez ce qui vous attend : des pierres sur la tête, et l'abîme pour vous engloutir.

SUR LES BANNIS

DE 1630.

———◆———

Voilà comment un moraliste éloquent, et surtout bon français, du 17ᵉ. siècle, exprimait l'opinion générale sur des bannis bien moins coupables que ceux de notre époque :

« On se souvient, disait-il, qu'ils ont toujours allumé les embrasements que nous avons vus, qu'ils ont été les premiers parjures et les premiers infracteurs de la foi publique ; qu'ils se sont émus lorsque le trouble même reposait, et ont devancé le soulèvement de leur parti par l'impatience de leur propre rébellion. On se souvient qu'ils se sont opposés à la grandeur de la France, qu'ils ont envié la gloire du Roi, que leurs harangues séditieuses ont versé le feu et le soufre de tous côtés, qu'ils ont remué toute l'Europe contre leur patrie, qu'ils ont été au bout du monde nous chercher des ennemis, qu'ils ont poussé dans le péril ceux qui leur reprochent continuellement leurs blessures et leurs pertes. Ils ne sont pas en meilleure odeur chez les étrangers; et s'il était possible de recueillir les voix de tous les peuples ensemble, ils seraient condamnés par un commun arrêt du genre humain, et repoussés de tous les asiles de la terre. »

Ainsi, quand le Roi voudrait être *libéral* de ses injures, et pardonner à des gens qui l'ont si sensiblement offensé, que feraient-ils d'une grâce dont il leur serait impossible de jouir au milieu d'une nation irritée? Que leur servirait d'avoir la liberté, si elle leur était plus dangereuse que la prison, et d'être échappés à la justice des tribunaux pour s'exposer à la vengeance du peuple? Ils sont si odieux en tout ce royaume, qu'ils n'y pourraient marcher que de nuit, s'ils y retournaient. Les plus tendres esprits ne sont point touchés de leurs disgrâces; et quoique ce soit la nature du mal de donner de la compassion à ceux qui le voient, ils sont haïs comme s'ils n'étaient pas misérables.

Quels traits nombreux de ressemblance ne peut-on pas saisir dans ce tableau! Mais aujourd'hui, libéral, indépendant, *hoc genus omne*, poussent de longs gémissements sur le sort des bannis de 1815, *de ces malheureux vieillards, si dignes* de la commisération de la France, dont ils ont traîné un Roi sur l'échafaud, et décrété le bannissement de celui qui les avait pardonnés.

Le Roi, disent-ils, a toujours le droit de faire

grâce, et les royalistes osent lui contester cette prérogative: Atroce calomnie! Le Roi institue les tribunaux, et leur délègue le pouvoir de rendre la justice en son nom. Il peut réformer, annuler l'œuvre de ses mandataires; quand ils ont condamné, il peut absoudre. C'est en quelque sorte sa propre volonté qu'il modifie; mais il n'en est pas ainsi d'une loi. Tout puissant pour ne pas la sanctionner, c'est dans le moment qu'on la lui présente, que le Roi peut, si elle condamne, faire grâce encore en la rejetant. Son droit existe à cette époque; mais il cesse, et par sa libre volonté, du moment que cette loi est acceptée. L'argument devient plus fort quand elle a été exécutée de son consentement, et qu'en parlant en son nom, ses ministres en ont proclamé la justice. Voilà le fait, et le véritable état de la question. Ce qui est décidé par le concours, par l'union de trois pouvoirs, ne peut être abrogé par un seul. Toute tentative contraire n'est qu'un coupable subterfuge, et une violation de la Charte. Voilà ce que disent les royalistes, la justice, la pudeur et le bon sens.

———

In civitate liberá, linguam mentemque liberas esse opportere.

« Chez une nation libre, la langue et la pensée » doivent être en liberté. »

Telle fut la réponse d'un souverain de Rome à

qui l'on proposait d'informer contre les auteurs
de quelques écrits offensants, et il ajouta :

« Nous n'avons pas assez de temps à perdre
» pour nous embarquer dans ces sortes d'affaires.
» Si on a tenu des discours téméraires contre ma
» personne, j'y répondrai en rendant compte de
» mes actions et de mes discours. »

*Non tantùm otii habemus, ut implicare nos
ejusmodi negotiis debeamus. Si quis temere aliquid locutus fuerit, dabo operam ut rationem
factorum meorum dictorumque reddam.*

Quel est le souverain philosophe, quel est le
bienfaiteur des hommes qui a fait entendre ces
belles paroles! Est-ce Titus, est-ce Trajan, est-ce
Antonin ou Marc-Aurèle? Non : c'est le tyran le
plus profond, le plus pervers et le plus soupçon-
neux...... C'est Tibère !

FIN.

De l'Imprimerie d'Anth^e. BOUCHER, Successeur de L. G. Michaud,
rue des Bons-Enfants, n°. 34.